Salta

Serie "Datos curiosos sobre los insectos para niños "

Escrito por Michelle Hawkins

Saltamontes

Serie " Datos curiosos sobre los insectos para niños "

Por: Michelle Hawkins

Versión 1.1 ~Marzo 2022

Publicado por Michelle Hawkins en KDP

Toda la información contenida en este libro se ha investigado cuidadosamente y se ha comprobado su exactitud. Sin embargo, el autor y el editor no garantizan, expresa o implícitamente, que la información contenida en este libro sea apropiada para cada individuo, situación o propósito y no asumen ninguna responsabilidad por errores u omisiones.

El lector asume el riesgo y la plena responsabilidad de todas sus acciones. El autor no será responsable de ninguna pérdida o daño, ya sea consecuente, incidental, especial o de otro tipo, que pueda resultar de la información presentada en este libro.

Todas las imágenes son de uso gratuito o han sido adquiridas en sitios de fotografías de stock o libres de derechos para su uso comercial. Para la elaboración de este libro me he basado en mis propias observaciones y en muchas fuentes diferentes, y he hecho todo lo posible por comprobar los hechos y dar el crédito que corresponde. Si se utiliza algún material sin la debida autorización, le ruego que se ponga en contacto conmigo para corregir el error.

Los saltamontes pueden llegar a medir hasta cinco pulgadas.

El color más común de los saltamontes es el verde.

Los saltamontes son 15 veces más grandes que una hormiga.

Las patas traseras de un saltamontes son más grandes que las delanteras.

Los saltamontes son un símbolo de fertilidad, prosperidad y buena suerte.

Las orejas de un saltamontes se encuentran en su vientre.

Los saltamontes existen desde hace más de 250 millones de años.

Si los saltamontes se sienten amenazados, se defenderán.

Se sabe que los saltamontes viajan largas distancias.

Los saltamontes forman parte de la familia de los ortópteros.

Los saltamontes tienen dos pares de alas.

Un macho y una hembra de saltamontes se llaman simplemente saltamontes.

Las alas de un saltamontes son de color arco iris.

Se sabe que los saltamontes transmiten enfermedades al ganado.

Las langostas y los saltamontes son lo mismo.

Los saltamontes pueden convertirse en una plaga para los agricultores que intentan cultivar cereales.

Las tres partes del cuerpo de los saltamontes son la cabeza, el abdomen y el tórax.

El genoma o cromosoma de un saltamontes es seis veces mayor que el de los humanos.

Los saltamontes pueden encontrarse en numerosos entornos diferentes.

Los saltamontes tienen 5 ojos, uno a cada lado de la cabeza y tres en las antenas.

Algunos saltamontes se consideran en peligro de extinción.

Los saltamontes pueden oír gracias a los órganos de su estómago.

Si un saltamontes se siente amenazado, escupirá sobre el peligro.

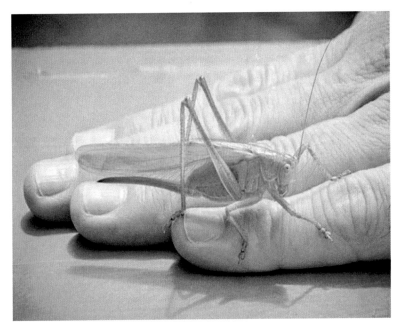

El tímpano de un saltamontes se llama tímpano.

Los saltamontes chasquean las patas para hacer ruido.

Los saltamontes prefieren vivir en un espacio abierto.

Los saltamontes no son buenas mascotas.

Las patas traseras de un saltamontes son muy potentes.

Todos los saltamontes pueden hacer diferentes ruidos para comunicarse.

Los saltamontes emiten sonidos a través de la vibración de sus alas.

Los saltamontes consumen la mitad de su peso corporal cada día.

Los saltamontes no hacen daño a las personas.

En la mitología griega, se consideraba que los saltamontes eran inmortales.

Las antenas de un saltamontes parecen un trozo de hilo.

Los ojos de un saltamontes sobresalen en un lado de la cara.

El color del saltamontes depende del lugar en el que vive.

Por término medio, los saltamontes sólo viven un año.

En tiempo de lluvia, los saltamontes pueden vivir durante días sin comida.

El sistema inmunitario de los saltamontes les protege de la mayoría de las enfermedades.

Los saltamontes se encuentran en todo el mundo.

El cuerpo de un saltamontes se considera diminuto.

Los saltamontes pesan menos de un gramo.

Los saltamontes son muy adaptables a su entorno.

Los saltamontes pueden ser marrones, amarillos y, por supuesto, verdes.

Los saltamontes frotan la pata contra el ala para emitir un sonido fuerte.

La longitud media de un saltamontes es de 0,4 a 2,8 pulgadas.

Los saltamontes pueden devastar un cultivo con un enjambre de saltamontes.

El cuerpo del saltamontes puede tener puntos y rayas.

Todos los saltamontes tienen dos antenas.

Las crías de saltamontes se llaman ninfas.

En China e Indonesia, los saltamontes se comen como una proteína.

Hay más de 11.000 tipos diferentes de saltamontes.

Los saltamontes pueden cambiar de color de amarillo a verde y de marrón a gris.

Los saltamontes no pueden resfriarse.

Sólo algunos saltamontes pueden cambiar de color.

La piel de un saltamontes es escamosa.

No hay distinción entre los diferentes tonos de un saltamontes.

Los saltamontes se comunican frotando sus patas.

Las antenas de un saltamontes pueden ser más grandes que todo su cuerpo.

Los saltamontes machos son más cortos que las hembras.

Las crías de saltamontes nacen de huevos.

Los saltamontes se ven sobre todo en primavera.

Los saltamontes almacenarán su energía en las patas traseras.

Los ojos de los saltamontes se llaman ojos compuestos.

Los saltamontes miden entre 0,39 y 0,78 pulgadas.

Los saltamontes migran durante los meses de invierno.

Las alas de un saltamontes son endebles.

El color verde de los saltamontes les ayuda a camuflarse y esconderse de los depredadores.

Los saltamontes comerán toxinas.

En Japón, ver un saltamontes se considera una señal de suerte.

Cuando son adultos, los saltamontes sólo viven treinta días.

Al utilizar su cuerpo como camuflaje, los saltamontes pasan más fácilmente desapercibidos.

Todos los saltamontes tienen seis patas.

La saliva de un saltamontes es de color marrón.

Los saltamontes se consideran animales diurnos; activos durante el día.

Las patas de un saltamontes les ayudan a saltar 20 veces su longitud.

Los saltamontes suelen vivir solos.

Un enjambre de saltamontes puede destruir la cosecha de un agricultor.

Algunas personas comen saltamontes para obtener proteínas.

Los saltamontes tienen cinco ojos.

Los saltamontes existen desde antes de los dinosaurios.

Los saltamontes comen principalmente hierba y hojas.

Los saltamontes pueden encontrarse en los campos de tabaco.

Los saltamontes necesitan el sol para ayudar a mantener la temperatura corporal estable.

Una langosta también es un saltamontes.

Cuando un saltamontes es una cría, puede nadar.

Los saltamontes son ocho veces más grandes que una mosca.

Encuéntrame en Amazon en:
https://amzn.to/3oqoXoG

y en Facebook en: https://bit.ly/3ovFJ5V

Otros libros de Michelle Hawkins

Datos curiosos sobre aves para niños.

Datos curiosos sobre frutas y verduras

Datos curiosos sobre los animales pequeños

Datos curiosos sobre perros para niños.

Datos curiosos sobre dátiles para niños.

Datos curiosos sobre los animales del zoo para niños

Datos curiosos sobre los animales de la granja para niños

Datos curiosos sobre animales del mar para niños.

Datos curiosos sobre los pequeños animales salvajes para niños

Datos curiosos sobre caballos para niños

Datos curiosos sobre los insectos para niños

El 10% de todos los beneficios se dona a World Vision en https://rb.gy/cahrb0

Made in the USA
Las Vegas, NV
09 May 2023

71811069R00021